JN439764

그리움이 더하여

은혜바다 정 숙 조 시집

두손푸름시인선 51

그리움이 더하여

은혜바다 정 숙 조 시집

도서출판 두손컴

| 서문

무척이나 시를 쓰고 싶었는데 벌써 칠순이 되었다. 내가 걸어온 길 뒤 돌아보면 젊을 때는 수필가로 등단하여 지내다가 사업에 손대어 거의 문학과 접할 시간을 갖지 못한 채 삶의 현장에서 뛰게 되었다. 이제 많은 세월 흘렀지만 한번 디딘 발은 언젠가 다시 밟게 되는 줄을 알지 못하였다. 그런데 시를 배울 기회를 우연히 얻게 되어 나는 잊어버렸던 기쁨을 다시 찾게 됨을 감출 수 없었다. 시창작반에 다시 온 힘을 쏟아 다니기 시작하였다. 시간은 쏜살같이 지나가서 어느덧 작은 시집 하나를 내놓게 되었다. 내 일생에 한 권의 시집을 낼 줄 상상도 못했는데 나의 삶이 귀중한 한 권의 책으로 나오게 됨이 감개무량할 따름이다.

나이가 많은 나로서는 부끄럽기까지 하지만 그래도 시를 사랑하게 됨이 얼마나 가슴 뿌듯한지 말할 수가 없다. 더욱이 가을에 시집을 준비하게 되어서 감회가 이만저만이 아니다. 나의 인생도 가을을 넘어서는 이 찰나를 가을처럼 붉게, 노랗게 시로 물들어 간다고 생각하니 가장 행복한 사람 중에 한 사람으로 되는 듯하다.

오늘날까지 나를 도와주며 격려해 준 나의 남편, 비록 지금 몸이 쇠약해져 있지만, 남편 앞에 이 작은 시집을 바칠 수 있게 됨이 더더욱 기쁘다. 하나님께서 나를 이처럼 사랑하며 나를 지켜주심에 대해 감사드리지 않을 수 없다. 또 이 시집이 나오기까지 격려해 주시고 때로는 채찍을 가하셨던 부산대 명예교수이신 최원철 교수님께 감사드리며 출판을 위해 성의껏 도와주신 최장락 사장님과 도서출판 두손컴 직원들께 감사드리는 바이다.

가을이 물들어 오는 날에

정 숙 조

| 차례 |

제2장 꽃은 피고 지는데

제3장 **삶의 여울목**

그리움이 더하여

꽃피는 동산에 올라와도
그대 볼 수 없어
서러운 나

생명체가 꿈틀대고
따뜻한 바람이 일어도
나의 폐부肺腑는 아직 차갑다.

뭐가 그렇게 외로운지
내 마음 나도 몰라
슬픔으로 방황彷徨할 때

그리움이 더하여
고독이 나를 엄습해
앞길이 깜깜하여 보이지 않아도

조용히 그대 손이 나를 잡으면
활활 타오르는 활화산 되어
순결하고 깨끗한 재가 되리라.

비록, 육신이 원소元素되어
우주宇宙와 더불어 유영遊泳하게 되어도
내 영혼에 당신의 향기로 충만하리라.

제 1 장

그리움이 더하여

제 1 장
그리움이 더하여

옛 추억

볏단을 끌어안고
썰매 타던 어린 시절
하도 그리워

옛 동산 올라보니 잃어버린 추억인데
시간만 내 안에 멈추어 서서
그리움만 더하네.

하나, 둘,
사라지는 별이 되어 빛을 잃건만
호수에 희미하게 비쳐진 내 얼굴

얼마나 주름이 생겨났는지
또다시 물속을 들여다보면
구름이 먼저 알고 호수에 잠긴다.

저녁놀 덩굴장미

은장도 품고서 살아온 세월
가슴이 붉게 타올라도
가는 세월 어이하여 막지 못하고

설레는 마음으로
가시 끝에 매단 그리움 하나
당신께 보내는데

해는 벌써 서산에 머물고
취기 오른 나그네 되어
본체만체 지나가네.

저녁놀 붉게 물든 치마폭에는
손 시린 아낙네의 한숨이 흐르고
방울져 내리는 눈물만 스민다.

청록색

청록색에 무관심했던 나
계절에 탓이라 여겼는데
왠지 지금은 마음이 간다

파란 희망도 보이고
녹색의 생명도 느끼는데
벌써, 세월은 허무한 안개를 피운다

당신의 피조물이 얼마나 좋았으면,
파란 하늘과 지표에 녹색으로 칠하고
당신의 호흡으로 가득 채웠을까.

내 영혼을 푸르게 만드시는 당신께
기쁨의 노래로 충만한 내 마음.
오늘도 가슴에 하늘을 심는다.

가을편지

책갈피에 끼우던 아기 조막손
꼭꼭 접었다가 추억을 심어
공원의 벤치에서 글을 읽는다.

네 번 변한 강산인데
아직도 못 비운 내 마음의 시상詩想
이태백이 숨소리만 요란한데

낙엽 위에 내 마음 올려놓고,
흐르는 강물 위에 띄워 보내면
시가 되어 맴도는 작은 소용돌이

삶의 음미조차 서툴던 나,
아무리 찾아봐도 찾을 수 없는
옛 친구 하나

빛바랜 추억만
애틋한 낙엽 위에
그리움으로 쌓인다.

따뜻한 손

선뜻 내밀지 못하는 손
맞닿으면 얼음장 같아
왜 이리 차가운지

잡을 손 없다면
차라리 동면하는 동물들이
부럽다

누군가 따뜻한 손으로
차가운 내 손을 녹여 줄 때에
눈 녹듯 녹아내릴 약한 내 마음

타오르는 열정은
편견을 잠재우고
인내와 용서로써 다시 일어나리라

약속만 남기고

막내둥이 출가도 못 시키고
네가 떠난 뒤에야 알았지
죽음이 나이 순위 아니라는 것을

비자금을 모았다던 동생
다섯 자매 함께 한 서부여행
세계를 일주하자 약속했건만

약속을 멀리하고
홀연히 떠난 빈자리
가슴에 묻어야 할 내 동생

그렇게도 사랑을 했건만
허공에 매단
그리움 될 줄이야

오는 봄

봄은 오고 있는데
아쉬움이 있는지 떠나지 못하는 겨울

두꺼운 벽돌 사이
애처롭게 소리 없이 내민 파란 순筍

손을 뻗어 닿을세라 저어 보는 세상
아직 차기만한데
언제면 손잡을까 시린 마음들

졸음에서 깨어난 달래 냉이처럼
곱고 작은 꽃 피우려
애쓰는 이 마음

그대 오실 길목에
서성이는 내 모습
웃으면서 그대를 맞이하련다.

봄비 내리는 날엔

내 마음에 내리는 봄비
그대 이마 위에
상큼한 이슬이고 싶다

당신의 발자국소리에
한 아름 꽃송이 가슴에 안고
달려가고 싶다

은은히
당신 가슴에 안기어
활짝 춤으로 피어나는 꽃이고 싶다

봄비가 내리는 날이면
당신을 생각하며 기다리는
수줍은 나의 미소

당신은 나의 연인

첫사랑이
무지개 되어 피어오를 때
그대 가슴에 조용히 기대어 본다.

동산에서 만난 그대
누구인지 모르고
헤매고 다니던 지난 세월

진한 회개의 눈물 뚝뚝 흘릴 때
내 어깨에 조용히 그대 손이 머물러
그대가 누구인지 알게 됨이라

내 생애에 찬연히 빛날
그대 맑은 미소에
온 동산에 꽃들도 함께 피어남이라.

야생화

아무도 봐 줄이 없어
외로이 피다가 지는 삶이라도
향긋한 사랑의 향내는 짙다

비바람 속에서도
해맑은 웃음
따뜻한 체온으로 전해오는데

저 높은 산에서나
낮고 거친 들판에서
이처럼 예쁘게 살 수 있다면
내 마음 다 바쳐 사랑하고 싶다

세월이 머무는 곳마다
피어나는 거룩한 미소
애타게 불러보는 당신의 이름

지리산 두레에서

두레마을 서쪽에서
바람 따라 묻혀오는
황혼의 기쁨

목마른 그리움이 토해낸
선홍빛 구름
허기진 육신을 녹이고 있다

하루를 접어서
황홀하게 타오르는 인생을 만들어
그 속에 노을로 타고 싶다

내 영혼에 번져오는 당신의 색채
비워버린 항아리에
채우고 싶다

그리움이 더하여

꽃피는 동산에 올라와도
그대 볼 수 없어
서러운 나

생명체가 꿈틀대고
따뜻한 바람이 일어도
나의 폐부肺腑는 아직 차갑다.

뭐가 그렇게 외로운지
내 마음 나도 몰라
슬픔으로 방황彷徨할 때

그리움이 더하여
고독이 나를 엄습해
앞길이 깜깜하여 보이지 않아도

조용히 그대 손이 나를 잡으면
활활 타오르는 활화산 되어
순결하고 깨끗한 재가 되리라.

비록, 육신이 원소元素되어
우주宇宙와 더불어 유영遊泳하게 되어도
내 영혼에 당신의 향기로 충만하리라.

덩굴장미

머언 이국땅에서
낮은 울타리가 붉게 물들어

제 홀로 타오르는
그대

기쁨의 미소가
슬픔으로 출렁여도

천륜으로 동여매 부빈 얼굴
다정한 목소리로 이름을 불러본다

동생아!

떨어진 꽃잎 다시는 보지 못할 네 모습
타다 남은 그리움이여!

능수버들

사랑한다 말 한마디 하지 못하고
떠나보낸 슬픈 마음 가눌 길 없어
풀어 내린 머리칼이 더욱 슬프다

행여나 오시려나 길가에 서서
한 맺힌 집시처럼
춤추는 발레리나

그리움에 목마른 애절한 절규
가녀린 머리카락 슬픔에 젖어
말없이 흐느끼듯 이리저리 흩날리는구나.

밝아오는 여명에 안개가 자욱해도
차가운 바람을 견디어 가며
님을 위해 피우는 하얀 꽃 능수버들

오직 당신입니다

온종일 들녘을 헤매어도
나의 뇌리에는
당신으로 꽉 차 있습니다.

풍랑의 파도가 밀려오는 바다에서도
당신을 생각하며
가슴을 채워갑니다.

고독과 외로움이 출렁거리는
삶의 길거리에서도
당신을 통하여 희열을 느낍니다.

아~ 당신,
내 영혼을 잠재울
당신은 어떠신가요?

할미꽃

어머니 그리우면
뒷동산에 올라
할미꽃을 만납니다.

유난히 날 사랑하시며
할미꽃 한 아름 따다 주셨던
나의 어머니

지금, 당신을 찾아온 무덤 위에
한 송이 꽃으로
해맑게 웃으시는 얼굴이 보입니다.

세월 따라 핏빛 가슴 가득히 안고
그리움에 눌려 등을 구부린 채
산 밑에 서 있는 나를 보시네요.

어렵고 아픔 주는 이웃 있거든
고개 숙여 그들 위해 기도하라고…
오늘도 일러주는 붉은 할미꽃.

아직도 못다 쓴 편지

아버지!
당신의 형제자매에게
모든 것 다 내주고 한 마디 말 없으셨던
순하시고 인자하신 당신

어이하여 그토록 말없이
슬픔에 젖은 눈동자만
나에게 남기셨나요?!

당신의 딸로서
아버지의 마음을 누구보다 잘 아는
나였건만,

입도 손도 잃어버린
한恨 맺힌 어린 시절이었기에
이토록 그리움의 편린片鱗들만 쌓여집니다.

아버지!
어찌하오리까?
세월은 무참히 흐르기만 하는데…

아직도 못다 쓴 편지 한마디
“아버지! 사랑 짓든 시인詩人 되어
당신의 한恨을 풀어 드리렵니다.”

제 2 장

꽃은 피고 지는데

제 2 장
꽃은 피고 지는데

구절초 사랑

결실의 들녘에서
돌담길 산자락에 피어난 그대

서두르지 않고 인내를 감내한
당신은 구절초
작은 몸 흔들리어 슬픈 사랑인가

발밑에 푸른 잎새 모두 지는데
알록달록 물들어 버린 한恨 많은 삶
떠나지 못하는 너의 절규이구나.

아홉 마디 굴곡진 사연으로
천상의 꽃으로 피어나려
넓은 치마폭에 머물고 있구나

어머니의 모습 닮아
눈물 속에 피어난 구절초
나의 애달픈 사랑이여!

가을은 왔는데

파릇파릇 새싹들은 어제 같은데
결실의 가을은 속절없이 오고
서서히 물드는 나뭇잎 사이로
잊혀져간 얼굴들

가을바람은
그리움으로 너울대고
차가운 계절이 저만치 다가오고 있다.

거두어야 할 열매 하나 못 보고
빈손으로 서성이는
나뭇잎 하나

풍요의 가을에서
당신의 터전을 기름지게 못한 나,
어찌합니까?

능소화

담홍색 뺨 위에
주체 못할 그리움

벗은 신발로 발돋움하는데
힘없이 처진 어깨
통곡하는 절규의 세월

햇볕 없는 창가에서
서성이는 얼굴에
스치는 바람만 짓궂다

늘어진 치마폭에 가쁜 숨 몰아쉬며
안절부절못하는 모습을 보니
누군가를 사랑하는 꽃송이 하나

그리운 그때

기분 따라 달라지면
늘 하는 인사도
레퍼토리 다양한데

권하는 한잔 술 피할 수 없어
취해보는 마음이
어쩐지 거북하다

술 못 끊는 심통에
내 손목 끌어다 자기 뺨을 때리는 게
애교인지 후회인지 가늠키 어렵다

너스레 떨든 모습 어제 같은데
뇌경색으로 쓰러지고 나니
건강할 때 울게 했던 그때가 그립다.

로즈마리

그대 나를 외면하려 해도
나도 모르게 가는 발걸음
사시사철 푸른 솔

왜소한 몸매
격조 높은 지조는
공원에서도 터줏대감이다

손끝에 시린 입술
피어오른 향기
소망 담아 임에게 드리는 순백의 정염情炎

두통과 스트레스
포장된 위선의 탈이 공해가 되어도
내 마음 치료했던 그대

병마에서 싸우며 나를 보는 그 눈동자
눈시울에 젖어서 비가 내려도
젊음에 용기 있던 모습이 한없이 그립구려!

덕유산 스키장에서

덕유산 스키장에
병풍처럼 둘러선 산자락에
스키를 못 타는 할미의 인생

하얗게 내리는 눈 사이에
동심의 세계로 돌아간 너와 나
시간이 너무 짧다

교직에 정년퇴임 한 잉꼬부부
교통사고로 남편 잃고 우울증의 눈망울
애처로운 하소연 설원에 뿌려놓고

텅 빈 자동차 몰고 가는 뒷모습에
친구는 알 건가
몰래 흘린 나의 눈물

이런 삶이고 싶다

마음이 약하여
쉽사리 준 마음
인내로 다스리며 살아가는데

가벼운 귀라도
현혹의 혼탁에 물들 때에는
사랑의 물로써 씻고 싶다

가진 것 없어도 나눔을 배워
베풀며 사는 길을 외롭게 걸어도
작은 일에 감사하는 삶이고 싶다

행한 일
회피치 않고
언제나 솔잎처럼 푸르고 싶다.

어느 시인의 농장에서

파릇한 새싹 움트는
시인의 농장
봄은 시詩를 깨운다.

날씨가 흐리지만
호미질, 삽질이 서툴어도
여류시인들의 마음은 즐겁기만 하다.

묵묵히 소리 없이
삶의 고랑 이뤄가며 김매는 손
사랑을 캐는데

인생살이 읊조리며
노래하는 입술엔
봄이 스민다.

활기찬 노심, 젊음의 열정,
모두가 아름다운 시詩의 세계로 접어드는
시인의 농장

(최 교수님의 농장을 다녀와서)

변함없는 그대

깊은 고뇌에서 멎어가는 심장에
인내의 온기로 감싸고
끝없는 삶의 호흡을 불어넣어 준 그대

황량한 내 작은 마음 밭에
수많은 소망이 움트게 하여
세찬 바람을 견디게 하였어라

일구어낸 진실은
해맑은 눈으로 별을 보게 하고
기쁨의 빛으로 나의 텃밭을 적시게 하는구나.

이제, 아무리 차가운 바람 불어도
그대 변함없이 내 곁에 있음에
나는 흔들림 없이 밭을 매고 있노라

병문안

감사함이 무엇인지
알지도 못하면서
입버릇처럼 되뇌며
살아온 지난날

저녁노을이 창가에 내려앉으면
병상의 환자들은
하늘 보고 땅 보고 조바심 속에서
또 하루라는 선물에 안도감을 가진다

당뇨에 먹힌 다리 절룩이면서
틀니를 물고도
기뻐하는 모습
진정한 행복이 여기에 있다

문안 온 내 마음이
나를 향한 한마디
'늘그막에 당신이 철들었군요.'

함양 연꽃 축제에서

상림 숲 언저리 둘레길마다
둥근 잎 위로 솟아오른
해맑은 웃음

어둠의 진흙탕 속에서
고운 봉오리 피워
삶의 틈바구니에서 연등을 밝힌다

둥근 손바닥에 아무리 채워줘도
버릴 줄 아는 모습
청렴한 그 뜻을 음미吟味해 본다.

터 없는 순백한 얼굴이든
부끄러워 홍조를 띤 얼굴이든
진실한 마음만 보이는 꽃잎은 모두 다 정겹다.

잉꼬새

선한 눈망울
아름다운 자태
부리는 무섭다

마음 문을 쉽게 열리라 생각하고서
손을 내밀면
매번 거절을 한다.

무덤덤한 생활 속에 친구삼아서
외로움을 달래며 살려 하는데
1년이란 세월 지나 겨우 만난다.

귀여운 짝지를 천국으로 보내고
슬픔에 잠겨서 번민을 하다
빈 둥지 홀로 두고 떠나버린 잉꼬새

만나는 그날부터
헤어지는 연습만 거듭하는 인생길
나에게는 빈 둥지 어디 있을까.

박꽃

어두운 허무조차 기꺼이 끌어안는
노을 속에 뭉게구름 닮은
순백의 그대

달빛에 하얗게 피어난
그대는
하얀 박꽃

별빛을 타고 내려온
요정들이 놀다 간 자리에는
세월조차 머물며 서성이는데

나 홀로 그대 찾아
초롱에 불 켜들고
옛길을 더듬는다.

뮤지컬

여성들만 사는 금면왕조에
남자들만 사는 남면왕조의 침입은
여인들은 사랑에 빠지게 한다.

중국에도
여성과 신과의 사랑이
뮤지컬 혹은 발레로 변한다

우리의 삶이 약해질 때에
찾아 헤매는 신神이기에
인생은 정말 뮤지컬이다.

나는 과연 어떤 배우일까
주연일까 조연일까
모르며 살아가는 무대 위의 한평생

꿈

마음 실은 꽃바람 불어오는데
분홍 꽃잎 하나
치마폭에 내린다.

다소곳이 받아보는
내 마음은
어쩐지 안절부절 기쁨으로 가득하다

꽃잎 벌써 아는지
시집詩集으로 변하여
한 장 한 장 넘기면 풍요로 가득하다

꿈의 세계로 깊숙이 밀려오는
전율
핑크빛 내일의 파고가 높다.

엄마

꽃잎이 아파야 피어날까
젖어오는 봄비에 내준 육신
옛 생각이 저미어온다.

옹기종기 7남매 다독이던
어머니
얼마나 아팠을까 생각해 본다

오랜 병마에 시달린 엄마,
뼛속 깊이 사무치는
내 마음

그리움조차 울먹이며
잊지 못한 언어
'어머니, 당신을 사랑해요'

어머니와 등나무

천륜으로 꼬아 올린 둥지
사랑이 자라는
어머니 품 속이었네요

병든 몸 일으키며
덮어주신 이불 자락
아직도 어머니 손길이 머문다.

드러난 실핏줄
앙상한 그 모습
통곡했던 나의 절규

어머니는 모두가 다 그런가 보다
어리석은 생각을 이제야 깨달으니
못다 한 서러움만 구름 속에 흐른다!

바다도 토하지 못한 피 울음
아~!
갈수록 그리운 당신의 품속

남구 문화원

병아리가 물고 온 먹이를 놓고
물끄러미 바라보는
어미 닭

먹을 수 있는 먹이는 아니 물고 오고
마른나무 가지하나 물고 온
어린 병아리

부끄럼 반 설렘 반
엄마 눈치 살피는 아기처럼
저마다 올망졸망
눈망울은 초롱초롱

물고 온 나뭇가지 하나 버리지 않고
부리가 상하도록 날 밤을 새워
따뜻한 보금자리 마련하는
어미 닭

밝아 오는 아침 해 바라보면서
모두가 나와서 꽃씨를 심는다.
이 꽃 저 꽃 다 피어나 꽃동산이 된다.

(최원철 교수님을 생각하며)

황령산 벚꽃 길

꽃망울 터뜨려 작은 얼굴 내밀어
미소 짓는 너
하늘빛 녹여오는 그리움

걸어가는 발걸음에
내려앉는 꽃잎조차
밟힐까 걱정하는데

보고 싶은 그이는
아직 소식 없어
어디메 있을까 생각하면서

내 마음에 가득한 그대 얼굴
가슴에 고이 담아 구름에게 띄울까
훈훈하게 불어오는 바람에게 띄울까

꽃잎 지는 황령산에서
이 생각 저 생각에
하늘만 쳐다본다

손녀

유치원에 갈 때마다
하는 인사는
볼에다 입 맞추는 것

꼬맹이 할머니
할아버지 앞에서
너스레를 떨고

온갖 쓰레기 잡동사니
그 손에 가면
근사한 창작품이 뚝딱 만들어진다.

하루 종일 뛰어도 에너지가 넘쳐
복도에 들어서면
시끌벅적 금세 알아본다.

언어의 달인이라
일곱 살 나이를 훌쩍 넘어
엄마 닮아 애교가 넘치고

언제나 주위 사람을
기쁨으로 몰아넣는
나의 천사여! 나의 기쁨이여!

코스모스 사랑

기후가 변화하여
꽃을 피운다

조그만 바람에도
흔들리는 머리

가슴조차 흔들리는
가냘픈 사랑

증오와 질투가 녹아내리고
곰삭은 인연 위에 뿌리는 향기

사랑에 흔들리는 코스모스 부러워
오히려 내 마음만 슬프다

제 3 장

삶의 여울목

제 3 장
삶의 여울목

흰 바닷새

거제도 앞바다
출렁이는 뱃머리에
멍하니 하늘 쳐다보는 새 두 마리

날개는 있으나 날지 못하여
구름 따라 흐르는 마음
고향이 그립다

사랑과
미움을 아무리 비워도
아무도 타지 못할 외로운 배

텅 빈 배 위에
슬픈 두 개의 명기銘旗만
하늘로 날아오를 채비를 한다.

민들레 닮고 싶어

이른 봄
과수원 밭이랑에
노란 얼굴 내밀어 활짝 웃더니

세월에 쫓겨
하얀 머리 되어도
두 손 모아 기도하는 모습이 경건하다

그늘이 와도
짓밟혀도
투정 없는 상처가 오히려 성스럽다

하늘만 바라보는 그 얼굴엔
겸손이 서려 있고
신비만 가득하다

나도 이제,
가진 것이 없어도 탐하지 않고
세파에도 변함없는 민들레가 되고프다.

낙엽

열정적 생애에 절절한 사연
찢겨진 상처조차
아물 틈 없이 떠나신 아버지

검버섯 위 돋아난 실핏줄에
흐르는 세월
서러움만 붉다

바람에 밀려가며
애처롭게 사각대는 속삭임도
가슴을 저미는 서러움이다

다시금 만날 곳이
가까워 오는데
바쁘게 준비할 미소가 서툴다

쾌유快癒

뒤척이며 지새운 긴 밤
또아리(똬리)를 튼 그대가 있음을
나는 몰랐네.

형님 하며 올 것 같은 전화
기다렸으나
끝내 소식 없는 희뿌연 새벽

아파할까
힘들어할까
망설이는 내 마음

용기 내어 해본 전화
수술실에 들어 갔다는 소식,
너무나 긴 하루였다.

생사여탈生死與奪의 주관자는
당신의 고운 마음에 감동하여
병상에서 일으키는 기쁨을 주리니

우리 함께 기뻐하며
축배를 들리라
쾌유의 기쁨을 위해…

오지랖

세월 따라 넓어가는
나의 오지랖
아름다운 꽃 만지려다 찔린 가시에
느끼는 아픔
선인장의 잎이 변해
가시 될 줄 몰랐다.

괴로움도 기쁨도 안아야 할
나의 오지랖
누가 알 건가

꿈에서나 보는 아름다운 세상
오지랖으로 품어본다
품을수록 사라지는
설익은 사랑

만개할 한 송이 꽃 보려
인내와 열정으로
나는,
오지랖을 펼친다.

사랑에 빚진 나는

남의 부부들 여행에
껌처럼 붙어 가는 나

시詩나 쓰라고
마구 놀려도 정겹게 들리는 음성

코믹하게 타이르는 선생님
배려와 기쁨을 주는 또 한 분 선생님

베푸는 사랑에 빚진 나
그들 위해 하는 것은 작은 기도뿐…

고향 과수원

노트 한 권에 농장을 넣으려
사과 잎사귀 하나
책 속에 꽂는 내 마음

부모 없는 빈 들녘에
황무지 일궈 놓은 과수원
동생 부부가 자랑스럽다.

아픈 허리 휘어잡고
눈물의 땀 영글어
붉은 얼굴 열매 되어 익은 사과

석양이 들녘에 내려도
사랑의 포만감이
빈 들을 채운다.

당신은 산소酸素

우리들의 정원에
백송이 장미를 심으려는데
버거운 숨찬 동맥
차라리 시곗바늘을 되돌리고 싶다

몸을 태운 열정
기氣는 소진해 버렸지만
아직 나의 눈망울에
꿈을 심고 싶다

당신을 떠나
혼자 진통제 한 알에
머리가 맑게 진정되지만
영혼의 치유는 무엇으로 할까

깊은 폐부 속에
당신의 호흡이 드나들어
영혼이라도 이슬처럼
영롱하게 빛나고 싶다

립스틱

뭇 남성들 사로잡을
입술 위에 춤사위
빨갛게 춤을 춘다.

심장병에 숨겨진 빨간 입술
놀림 받던 유년 시절
달리기 꼴찌 하는 설움에 심장병이 미웠다

꿈길에서 빨간 입술
달려도 숨차지 않아
행복했던 추억의 꿈
지금도 꾸고 있다.

향우회

반딧불 냇가에서
멱 감던 고향 친구
만나는 설렘

여기저기 풀어헤친
옛이야기
식당 안을 채운다

정성껏 가꾼 푸성귀처럼
함초롬히 젖어 있는 젊은 그날들
오늘 하루만이라도 즐겁기만 하다.

나이 따라 저물어가는 하루
끝 모르는 이야기
너무나 짧다

내 고향

내 고향은 함양
지리산 명품사과
청옥 빛 하늘 아래
인심 좋은 사람이 모여서 산다.

열려진 대문 사이
인정이 흐르고
수북이 쌓인 벼와 수확물
일 년 내내 그대로다

가진 것 없는데도
문단속하는
각박한 나

도시에 살면서
공해로 이끼 낀 내 마음
불안감이 부끄럽다

아침 산책

아침 산책길
공원 벤치에 앉아
시원한 공기를 마음껏 들여 쉰다.

온몸의 세포를 깨우는 신선함에
훌라후프는 허리에서 숨 가쁘게 돌고
거친 기압 소리에 아침은 바쁘다

기분 좋은 아침을 누릴 수 있게
에너지를 주신 그대!
은혜의 전율을 온몸으로 느낀다.

서툰 걸음

남루한 모습으로
갈지자를 걷는다.
아무리 애써도 정상이 아니다

좋아한다는 말
무심한 척 흘려버리는 척하며
그리우면서도 그립지 않은 척
갈지자를 걷는다.

당신으로
젖었다가, 마르다가
부풀다가, 터져버릴 것 같은
가슴

봄이면 쏙 내미는 새순처럼
여리지만
가을이면 여물게 익을 밤처럼
성숙의 계절은 오고야 말겠지.

아버지

당신은
나의 거대한 산

바른 생활 교과서가 필요가 없어
내 딛는 발자국마다
비딱 걸음 없으셨네.

가방끈이 짧아도
학자처럼 추앙받고
선비로만 사셨네!

당신을 병풍으로 삼아 온 나날
나약하여 보잘것없는
나였지만

당신의 함자 하나로
아직도 어깨가 으쓱합니다.

시와의 만남

열병처럼 번져버린
그리움은
나의 불치의 병

행여나 그대 오실까
바람 소리 들려도
열어 보는 내 마음

지치고 허기지는 이 육신을
뉘일 곳 없어도
그대 생각에 갈증을 풉니다.

찬바람이 아무리 불어와도
활화산처럼 타오르는 내 마음
아무도 잠재울 이 없나 봅니다.

김매기

잡초는 활기차게 손을 잡고 자라는데
대추나무는 저만치 멀리 서서
바라만 본다.

가진 것이 있어야 출세를 해
많은 열매 맺을 텐데
빼앗기고 서 있는 대추나무 서럽기만 하다.

갑자기 닥친 웃음소리
놀란 가슴 쓰다듬는데
호미질 소리에 잡초가 긴장한다.

항상 기다리는 여유가 부럽다
나의 텃밭에 하나하나 조심스레
잡초를 뽑는다.

바다

많은 것을 가져도
지식이 풍부해도
결코 교만하지 않습니다.

내 마음 좁아
빈틈이 없어도
많은 것 품어 안는 바다를 닮고 싶습니다.

시끄러운 마음일랑
깨끗이 씻어
고요한 호수 되어 살고 싶습니다.

파도가 아무리 높아도
하늘에 닿을 수 없음은
바다가 낮기 때문입니다

컴퓨터 강사

자신감도, 용기도
달아날 안갯속의 미궁
거북이의 인내가 부럽다

가도 가도 끝없는 매직타운
스위시 프로그램 속은 넓어
행복한 공간이 보이기 시작한다.

형광색 불빛으로 꼬리를 흔들며
컴퓨터의 요지경 판타지야
너와 나는 또 하나의 동반자

한 치도 벗어날 수 없는
요. 술. 쟁. 이
컴퓨터 강사가 부럽다

불신의 벽

생각 없이 뱉어낸 한마디 말
정丁이나 맞지 않았어야 할
때늦은 후회

오가는 두터운 인정인데
차가운 비수匕首되어
돌아오는 아픔

누구도 미워하지 못할 마음
중언부언重言復言으로
속을 삭인다.

육신도 허물어지는 석양에
작은 부주의가
불신의 벽을 쌓아갈 줄이야

내 탓으로 돌리며
사랑의 강가에서 얼굴을 씨고
새로운 호흡으로 하늘을 보면

하나하나 놓여있던 벽돌이
낮아지고
신선한 바람이 폐부를 맑게 한다.

꽃바구니

스승의 날을 장식하는
앙증맞은 꽃바구니
하나

기초도
생각도
모자랐던 컴퓨터 지식

현대감각의 장애인 되어 헤매던
지난날
지금 생각하면 입가에 미소가 돈다

권고사퇴 압력도 녹여버리고
이제 꽃다발 하나 들고
가벼운 마음으로 스승님을 찾는데

꽃바구니는 나에게 묻는다
이렇게 마음이 기뻐지는가를…
더욱 발걸음은 빨라진다.

지혜로운 여인

자신의 성찰에서
판단은 빠르되 말이 더딘
그런 사람이 곁에 있어 행복하다

아무리 잘해도
생색내지 않고
고요히 침묵하며
담백한 표정을 짓는 여인

비에 흠뻑 젖을 때
함께 젖어 주고
사소한 일에도
배려가 있는 여인

조용히 다가와 나의 아집 녹이고
아름다운 눈으로 초라한 나를 지켜주는
지혜로운 여인이 부럽고 행복하다.

보내온 정성

행여나 남편이 잘못될까
불길한 조바심
뜨거운 눈물로 밤을 지새운다.

두 달 사이 빠진 체중
십 킬로 넘기에
동트는 아침에야 안도의 마음

하루하루 살얼음을 걷고 있는데
사돈께서 보내준 정성 어린 음식에
새 하늘 새 땅을 본 듯한 기쁨

행복과 희망의 한마디 말보다
감사와 이해로 보듬었을 때
입에서 입으로 기쁨이 흐른다

어느 주방에서

봉사를 하다 보면
묵묵히 일하거나
말로만 일하는 사람을 본다

많은 일 할수록 겸손하면
얼굴을 쳐다봐도 기뻐지련만
함께하는 시간이 왜 이리 피곤할까

먼 길을 걸어온 발자국마다
인자한 언어행실 고여 있다면
얼마나 좋을까 생각하면서

오늘도 무거운 발걸음으로
주방에서 나와
집으로 가는데 해가 저문다.

산山

풍요로움 속에서 고독한 그대
침묵을 지키되 신음하지 않고
높은 하늘 향해 갈구하는 모습이 아름답다

웅장한 가슴을 가졌어도
작은 꽃 하나까지 소홀하지 않음은
작은 위대함이 모여 큰 영광을 드러냄이라

이상은 높되 겸손을 배우고
가난에서 부유함을 배우며
미움에서 사랑을 배우나니

작은 것은 지나치고 큰 것만 찾는
이 세상에서
나는 그대를 바라보며 살고 있음이라

사라진 원고

밤새껏 써놓은 글
컴퓨터가 어지러워
백치가 되었다

알길 모를 나락奈落에서
헤매는 메모리
질투의 쓰레기장에서 소각燒却되었나

아무리 생각해도
기억의 언덕 넘어 사는 마음
애타게 염원해도 돌아오지 않는 꿈

하나하나 조각 모아
만드는 인생
오늘도 열심히 글을 쓰련다.

둥지 떠난 어미 새

둥지와 새끼를 두고
왜 말없이 떠나야만 했을까

다 자라지도 않은 새끼 새
빈 하늘만 쳐다본다.

새끼 새 한 마리 휘젓는 힘에
둥지에서 떨어진 불쌍한 새끼들

살아남기 위해선
아양 떨어야 하는 몸부림

돌아오길 기다리는 조바심에
어미 새 생각에 새끼 새만 서럽다

효도관광

푸르름을 가득 담은
5월의 길목에서
그리움에 꽃물 들어 소풍을 간다.

뚱보 할아버지 뱃속엔
맛 깔 나는 노래가 가득
할머니의 음정 박자 지그재그 하지만
인기가 최고

재간둥이 권사님의 함박웃음에
흥에 겨운 막내둥이 춤사위 덩실덩실
자리 펴는 전도사님
멋진 카메라맨 모습엔 우리 목사님

꽃과 바다 산들이 함께 춤추는 하루
웃음의 바다는 파도를 타고
돌아온 방안에도 웃음이 가득한데

어느덧 길섶에 늘어선 장미
가슴을 열게 하고
모두가 백발 되어도 웃음과 춤으로
함께 길을 가네

가족 소풍

7월의 끝자락에
짙은 초록색 그리움 안고
소풍을 간다

할머니 할아버지 모시고
손자, 며느리 다 데리고
한 지붕 14명 즐겁게 간다

쌍계사 계곡물에서 발을 담그고
가랑비와 돼지고기 섞어 먹으면
임금님의 수라상도 부럽지 않다

돌아온 길이
왜 이리 행복한지
내년에도 이 길을 나서려 한다

인생길 아무리 허무하다 해도
이렇게 기쁜 일이 또 있을까
오늘 하루 지남을 감사로 기도한다.

독백

봄 향기 가득한 설렘을 안고
무식이 용기 되어 글이나 써볼까
컴퓨터를 켠다.

마음은 밤하늘을 더듬어
별 하나 찾아 나래를 펴려는데
무디어진 마음이 나락에 떨어져 울고 있다

조그만 바람에도
요동치던 내 마음
지나는 구름처럼 사라져 버려

멍하니 어둠에 서서
길 잃고 서성이는데
이웃집 개 짖는 소리 "시詩는 아무나 쓰나'

열린 대문

파출소 소장님이 보낸
출두 명령받고 보니
지은 죄도 없건만 오금 저려 오는 부모.

한 지붕 24명 대식구가 사는데
떠드는 소리에 고발한 이웃
이유를 다 들은 인상 좋은 소장님
도리어 위로를 한다.

별난 아들 4명 때문에
일 년도 못살고 쫓겨난 태근이네
나만 보면 미안하여 피하려 한다

새장에 갇힌 새들
날지를 못해
또 쫓겨 갈까 안절부절

얼레고 달래도 불안한 아이들
동심에 상처를
얼마나 받았을까?

새가 아닌 저들을 위해
문을 열었다
우리의 울안에서 실컷 뛰라고

흐르는 세월 따라 둥지 튼 새들
열린 대문 사이로 꽃바구니 들고
찾아오는 부부새

내 반쪽

술통 속에 빠져
허우적거리는
하루살이 인생

생색내며 던져주는 월급봉투
십 분의 일도 안 되던
옛 시절

출근할 때
백구두 백바지
햇살 받아 번쩍번쩍

풍류 인생 즐기며 살아서
남들은 부러워하는데
불만은 얼마나 많은지

남에게는 천사이고
집에 오면 폭군 되니
발소리만 들어도 심장이 두근두근

사랑에 목말라 어리광부리면
고래고래 고함치는 소리
내 마음을 왜 그리 몰라줄까?

백발 되어 초라한 모습 굽은 허리로
손녀 보러 가는 뒷모습이 애처로워
눈시울이 붉어 온다.

배움의 길목에서

초록색 영그는
그리움 속 배움의 길목에서
모여 있는 우리는
미래를 향한 영그는 꽃망울 사랑

젊은이에서 노년에까지
저마다의 색깔로
내면의 그림을 그린다.

가르침과 배움의 열정이
어우러진 울타리
돋아나는 새싹들이 움트고 있다

삶을 배우며 의미를 노래하며
걸어가는 여정
늦깎이 배움의 길목은 아름답다.

빈 수레

요란한 소리 내는
빈 수레 하나가 가파른
언덕에서 숨을 고른다.

한강물이 아무리 많아도
못 퍼 담는 수레에
무엇을 담을 수 있을까

아무것도 못 싣고
세월을 뒤로하고 유유자적하지만
바람만 안고 가는 바보 같은 빈 수레

타는 목마름에
아무리 퍼 담아도
담기지 않아

붓을 들어 글이라도 담으려 하는데
글조차도 담기지 않고
세월만 흐른다.

요술 방망이

글 나와라, 뚝딱
글이 나오고
시詩 나와라, 뚝딱
시詩가 나온다

첨삭의 방망이 휘둘러보면
붙었다 떼어졌다
형체 없는 언어들…
요술 방망이를 계속 흔들어 본다

만나는 글마다 행복하지만
때로는 빈 생각에 괴롭기도 하지만
환희의 기쁨이 더욱더 높아간다

기지도 못하면서 날려고 하지만
요술방망이 하나면
두려울 게 없다.

시詩 나와라, 뚝딱
글 나와라, 뚝닥
뚝딱 뚝딱, 뚜다닥 뚝딱
쏟아지는 기쁨은 말할 수 없다

헬스장의 아우

하얀 얼굴에 보조개가 돋보이는
헬스장에서 만난 아우
나눔의 맛을 들여
뭐든지 나눈다

풍성한 음식에
가난을 모르는 젊은이들
나눔의 장을 펼칠 수 있다면
탄식의 소리는 사라지겠지

아우에게 배우는
아름다운 삶
빛이 되어 지표를 데울 수 있겠지

가난의 눈동자도
슬픔의 눈동자도
반짝이겠지.

하얀 손수건

출근길
운전석 뒷자리를 더럽힌
취객의 역겨운 구토물

술 좋아하는 남편이
생각이 나
신문지 빌려서 치우는데

아기 업은 젊은 엄마
하얀 손수건으로
뒷마무리를 한다.

세월이 지나도 잊히지 않는
하얀 손수건이 더럽혀졌지만
하얗고 깨끗한 젊은 여인의 마음

제 4 장

내 마음의 기도

제 4 장
내 마음의 기도

아침을 여는 기도

행복의 미로에 여행하려
두 손 모아 아침을 엽니다.

살아 있음이
왜 이리 찬란한 감사로 소용돌이칩니까.

파란 소나무 사이로
살 내미는 구름 한 점조차 신비합니다.

어제가 다르고,
오늘이 달라도
그대 앞에 조아리는 내 모습
늘 아침을 엽니다.

봄의 고백

당신을 닮은 봄이 오고 있습니다.
세상의 온갖 풍파에 승화할 수 있는 것도
당신이 내 곁에 있기 때문입니다

오해와 이해의 갈등 사이에서
평온한 일상에 파문이 일면
이해의 손을 들어 주시는 당신

간절한 소망으로 응집된 울타리
또 있을까요
소망이라는 결정체를 향하여
봄의 길목을 우리 함께 걷고 싶습니다.

항상 가까이 있기에
그 의미를 절감하지 못하지만
유리처럼 투명한 나의 감성으로

가장 낮은 곳으로 추락한 다해도
저는 언제나 당신 위하여
기도 할 것입니다

모진 쓰라림이 다가와도
천금보다 아름답게
봄의 생기로
당신 앞에 서렵니다.

사랑할 일만 남았습니다

추억 속에 점철된 희비 곡선
상처를 말씀으로 치유治癒하시는
위대한 사랑

눈 물속에 찾게 된 당신
지나간 아픔도
천한 이 몸도
귀히 여기시는 그대이기에

당신의 눈물로
나를 깨끗게 하시는 그대이기에
오직, 사랑할 일만 남았나 봅니다.

자유롭고 싶다

세상의 명예나 부함도
부질없이 헛됨을 알고 있지만

때늦은 후회가 앞서는데
뱉을 수도 삼킬 수도 없는 내 심정

십자가에 달려 희롱당하는
당신의 고통 생각이 난다.

속박의 굴레 훌훌 벗고
높이 날아올라

고요한 호숫가에 내려
잔잔한 물결을 즐기는 시인이고 싶다.

두레 광야의 외침

– 김진홍 목사님을 만나 뵙고

낮고 천한 황무지에
두레 광야에 장미꽃을 심은
당신.

외치는 소리는 선지자요
듣는 이의 귀에는
새벽을 여는 나팔수의 장엄한 깨움이리니

이 땅에 보내주신 이가 기뻐하여
당신을 통하여
천국 문을 열게 하였음이라.

사두개 교인이 득실대고
율법주의자가 이론을 갖다 대도
당신은 오직 복음을 외침이라

당신을 통하여
하늘의 기쁨을 맛보고
열락의 백성 되게 일깨워 주신 당신

오늘도
당신 따라나선 이 몸
주님 뒤를 따라 함께 걸으렵니다.

꿈속에서

코스모스가 첫 꽃을 피운 길섶
산들바람이 불어올 때
나의 맘은 붉게 물들었습니다.

눈물 속에서 커지는
사랑의 꽃씨는
언제나 버거웠습니다.

아득한 슬픔도
날카로운 절망도
그대 앞에서 허물어졌습니다.

잠잠히 폭을 잡은 꽃잎에서
잠든 꿈속이라도
당신을 향해 노래하며

코스모스 꽃잎이
하나씩 떨어지는 계절이 와도
당신 위해 행복한 기도를 드립니다.

꿈을 먹은 코스모스는
내 가슴속에서 붉게 피고 지는데
하늘은 점점 푸른 꿈을 키웁니다.

당신의 사랑은 변함없는데

어제는 한 송이 아름다운 꽃
오늘은 먹구름에 가리어 보이질 않는데
변함없는 사랑만이 비가 되어 내린다

자꾸만 세상 따라 변하는 내 마음
그렇지만 당신의 사랑으로
덧입혀지고 싶습니다.

희망이 재가 되어 흩날리어도
당신과 함께하는 발걸음은
성숙의 문턱으로 들어설 것입니다.

눈은 초점을 잃어 희미해지고
판단력은 바람에 흔들려도
언제나 나의 손을 잡아주신 당신

나는 당신을 알았고
하늘을 보았기에
당신의 위대한 품에 안기고 싶습니다.

새가 되고 싶어요!

그대의 하늘에서
자유로이 날 수 있는
새가 되고 싶어요!

비가 오고 천둥 쳐도 구름 위에서
오색 깃털로 엮은 저녁놀 둥지 향해
그대 함께 날아가는 새가 되고 싶어요

별이 반짝이는 밤이 되면
빛으로 흐르는 당신의 강가에서
고요히 나래 접는 새가 되고 싶어요

눈을 감아도 보이는 그대 모습
고요를 타고 오는 그대의 감미로운 음성
그대 가슴에 잠드는 새가 되고 싶어요.

비를 주소서

오랜 가뭄을 겪고서야
당신을 그리워합니다.

갈증에 몸살 앓는 내 입술에
한 방울의 사랑을 적셔 주소서

타들어 가는 지면의 생육의 목숨도
나의 영혼도 그대의 것이기에

거만과 질시의 우산을 벗고
그대로 당신의 은혜의 비를 맞으렵니다.

그대,
비를 주소서! 은혜의 비를!

지난밤에 비를 내려

무덥고 먼지로 혼탁한 세상
지난밤에 비에 씻겨
상쾌한 아침을 보았습니다.

세상이 잠들어 있을 때
당신이 이처럼 깨끗하게
청소하는 위대함에 무릎을 꿇습니다.

죄에 젖어 있는
나를
햇빛으로 이렇게 말리는 능력에 경탄합니다.

소나무 잎까지 빗질하시는 당신
육신에 멍들어가는 내 영혼
깨끗케 빗질하여 주소서

아직도 못다 쓴 편지

아버지!
당신의 형제자매에게
모든 것 다 내주고 한 마디 말 없으셨던
순하시고 인자하신 당신

어이하여 그토록 말없이
슬픔에 젖은 눈동자만
나에게 남기셨나요?!

당신의 딸로서
아버지의 마음을 누구보다 잘 아는
나였건만,

입도 손도 잃어버린
한恨 맺힌 어린 시절이었기에
이토록 그리움의 편린片鱗들만 쌓여집니다.

아버지!
어찌하오리까?
세월은 무참히 흐르기만 하는데…

아직도 못다 쓴 편지 한마디
“아버지! 사랑 깃든 시인 되어
당신의 한恨을 풀어 드리렵니다.”

꿈꾸는 무지개

살아온 날
살아갈 날들
당신을 위한 나날이고 싶습니다.

당신을 향한 실어증에 걸려도
벙어리 냉가슴 앓듯 살아도
위로해 주실 그대

비록 당신의 광채를 볼 수 없는
소경이 되어도
두 손으로 당신을 느끼게 되기를 원합니다.

내가
행복의 나래를 펴고 비상할 때에
당신이 펼친 무지개로 나를 감싸주소서.

캣츠 공연을 보면서

몇 번을 봐도
뇌리에 남아있는
고양이의 환상적인 무대

인생의 무대에서
내가 불러 본 노래는
무엇이었을까?

당신의 이름일까
사랑의 노래일까
아무리 생각해도 떠오르지 않는다.

당신이 차려준 이 무대 위에
아직도 못다 한 노래 부르며
신명을 다하여 춤을 추련다.

봄의 노래

봄의 나팔소리에
깊은 잠에서 일어나
삶의 길 걸어가려 준비를 합니다

솔바람이 불어와서
어둠을 밀어내고
아지랑이는 에덴동산을 데웁니다

나비처럼 춤추고
꽃처럼 피어나는
그리움에 젖어듭니다

천지 만물을 지으시고
기뻐하신 당신 모습
어찌하면 닮을까?!

쓸모없는 나를
귀히 여기시는 당신은
위대하십니다.

나는, 당신의 나라로
행복과 기쁨으로
봄에 젖은 몸으로 걸어갑니다.

카운셀러의 전화를 받고

따르릉 울리는 전화벨 소리는
오히려 정적을 흐르게 하고
떨어진 꽃잎은 빛을 잃는다

아픔의 파장이 고막을 때리는데
인고의 삶 피할 길 없어
해진 옷이라도 훨훨 벗게 하고 싶다

다급히 호소하는 전화의 소리는
유리창에 부서지니
격랑의 세파는 잠잘 줄 모른다.

주님,
갈피 못 잡아 아픈 이들의 가슴
사마리아 여인처럼 살 수 있게
어루만져 주소서

나의 고백

시련의 아픔도
안으로만 삼키고
찬란한 내일을 보지 못해도

파도가 출렁일 때마다
서러운 세월을 삼키면서
눈물 속에 걸었던 암담한 길

나의 짐이 무거워 쓰러질 때에
대신 지고 가신이가
당신임을 이제야 알았습니다.

깊은 어두움 지나 밝은 아침은
고난 뒤에 화려한 환희의 외출을 위함이니
이날을 주신 당신

삶의 이유가 무엇인지
마지막 고백의 한마디 말은
'내가 주님을 사랑합니다.'

촛불

정화수 한 그릇에
쌀 담긴 그릇에 촛불 밝히시던
어머니 모습이
촛불에 가물거린다

뒤돌아보면 한 치의 부끄러움이
없이 살아달라는
어미의 기도가 스며 있어서
촛농은 눈물이어라

그래서 촛불은
내 나이 먹었어도
아직도 끝없이
타고 있나 보다.

당신을 처음 만난 날

당신을 처음 만난 날
눈물이 강물 되어 흐르던 날
내 안에 샘이 그렇게 많은 줄을 미처 몰랐습니다.

나의 땅에 처음 열린 하늘
긴 터널 한 줄기 빛은
잴 수 없는 기쁨과 환희였습니다!

비천한 나를
다독여 위로하신 당신의 손길
당신의 사랑이 강물처럼 넘쳐서
이렇게 행복해도 되는지 묻고 싶었습니다.

부모님 돌아가셔서도 눈물 없던 저가
강물 되어 흐르는 가슴 벅찬
눈물의 의미를 알게 되었습니다.

야생마 한 마리

험한 산 중턱에서
위를 보니 아득한 절벽 앞에
무너지는 억한의 마음

위로의 한마디 말
나는 믿는다!
잘 오를 거야 힘을 내라고

내미는 손을 잡고
험한 준령峻嶺에
먼저 올라 외쳐보는 탄성의 소리

향기로운 꽃이 되어
나의 기도 소리는 점점 높아 가는데
내 어찌 당신을 잊을 수 있을까?!

촛농이 흐르듯

세월에 갇히어
날개 한번
퍼덕이지 못하고

사람을 용서하려 애써 보았지만
미움만 용광로의 불길 되어 타오르는데
나 위해 십자가 진 그이께 부끄러운 마음.

나는 왜 이렇게 어려워질까
이 생각 저 생각에
머리가 무겁다

언젠가 내 안에 그이가 살게 되면
자그마한 촛불에 촛농이 녹듯
눈물의 기도로 미운 맘 깨끗이 씻게 되리라

나뭇잎의 기도

높은 하늘에
나르다 나르다 떨어진
나뭇잎 하나

땅이 있는지 알지 못하고
날기만 하려는 교만이
이렇게도 저며 오는 아픔일 될 줄이랴

하늘과 땅이 있음을
오늘에야 알았으니
과한 욕심에 부끄러운 나

나뭇잎이 되어서
기도를 한다
계절을 꾸미는 낙엽이 되도록……

친구

삶에 지쳐있는 몸일지라도
거룩한 성전임을 모르는
불쌍한 친구가 있다

청렴결백하고 대쪽 같은 선비 정신
함부로 접근할 수 없는 비범함
흙탕물 속에서도 보석처럼 빛나는 친구

믿음의 뿌리 내려 거룩한 영혼
자기 몸을 태워서 세상에 빛 되려
촛불을 쳐다보며 웃는 그 얼굴

내 진정 친구 곁에 머물고 싶지만
참새같이 헐떡이며 두근거리는 가슴
멀리서 친구 위해 기도 하련다.

| 작품 해설 |

삶의 회한悔恨을 그리움으로 승화시킨 아리아

- 정숙조의 시 세계 -

부산대학교 명예교수 : 최 원 철 (시인, 수필가)

| 작품 해설 |

삶의 회한悔恨을 그리움으로 승화시킨 아리아

- 정숙조의 시 세계 -

부산대학교 명예교수 : 최 원 철 (시인, 수필가)

시詩는 작품 속에 쓰이는 언어에 숨겨진 상징적 의미의 세계를 나타낸다. 그 상징적 의미를 형상화시키기도 하고 사상이나 감정을 여과시켜 예술적 표현으로 승화시키는 작업인 것이다. 시인은 자신의 환경적인 조건뿐만 아니라 우주공간에서 들려오는 호흡소리를 들으며, 상상의 나래를 펴서 자유롭게 대자연大自然과 교신을 하며 이상의 꿈을 실현하기도 한다. 일찍이 쉴러(Johann Christoph Friedrich von Schiller, 1759.11.10~1805.5.9)는 초기 육체적 자유, 즉 외적인 자유에서 정신적 자유인 내적인 자유로 추구하였다. 정숙조 시인의 시편들은 대부분 현실의 삶을 노래하며 거기에서 기쁨과 회한悔恨을 느끼며 이들을 그리움으로 승화시키고 있다. 전체 시편들을 4부분, 제1장 그리움이 더하여, 제2장 꽃은 피고 지는데, 제3장 삶의 여울목 및 제4장 내 마음의 기도로 나누어진다.

정숙조 시인은 한 시인으로서 가야하는 좌표가 인생을 탐색하는 것이 분명하게 설정되어 있다. 제1장은 대부분 인간본연이 가지고 있는 욕구에서 인도引導되는 그리움을, 제2장에서는 좀 더 나아가 인간의 순리順理를 관조觀照하는 눈으로 지켜보고 있다. 그리고 제3장에서는 삶에 대한 성찰省察과 제4장에서 최고의 경지에 이르는 신神에 대한 구원의 형상을 시도하고 있다.

먼저 「제1장 그리움이 더하여」에서 옛날에 일어났던 일에 대한 그리움을 노래한 시편들은 「옛 추억」, 「저녁놀 덩굴장미」, 「가을편지」, 「아직도 못다 쓴 편지」 등이 있다.

볏단을 끌어안고
썰매 타던 어린 시절
하도 그리워

옛 동산 올라보니 잃어버린 추억인데
시간만 내 안에 멈추어 서서
그리움만 더하네.

하나, 둘,
사라지는 별이 되어 빛을 잃건만
호수에 희미하게 비쳐진 내 얼굴

얼마나 주름이 생겨났는지
또다시 물속을 들여다보면
구름이 먼저 알고 호수에 잠긴다.

– 「옛 추억」의 전문

정숙조 시인은 철부지 어린 시절 "볏단을 끌어안고" 눈 내리는 언덕에 올라 썰매를 대신하여 타던 그 때가 "하도 그리워"서 친구들과 함께 뒹굴고 놀던 "옛 동산 올라와 보니" 잃어버렸던 추억이 다시 생각나서 그 때 그 "시간만 내 안에 멈추어 서서/ 그리움만 더하"는 추억에 사로 잡혀 있음을 보게 된다. 그런데 자신의 맘은 옛 추억에 머물러 있는데 아마도 호수의 물속에 비치는 시인의 얼굴에는 많은 "주름이 생겨" 남을 느끼는데 행여나 싫어 "또다시 물속을 들여다보면/ 구름이 먼저 알고 호수에 잠긴다"라는 말을 하면서 그리운 「옛 추억」에 사로잡히게 된다. 마지막 연에서 "구름이 먼저 알고 호수에 잠긴다" 함은 빠른 세월을 구름으로 나타내고 호수에 잠기는 현상은 그야 말로 절묘한 표현이 아닐 수 없다. 물에 비친 구름으로 자신이 가지는 주름을 바로 볼 수 없음을 나타내며 그 속에 나타나는 의미는 자신의 늙음에 너무 신경 쓰지 않게 하는 상징적 효과가 있다고 보겠다.

그리고 「저녁놀 덩굴장미」에서 한국의 여성들이 절개를 지키기 위해 가지는 은장도를 아마도 시인 자신도 품고 가정을 위해 살아 온 나날인데 황혼이 될 때까지 남편이 술을 먹고 돌아와서 "본체만체 지나"갈 때에 눈물을 흘리게 되는 여성의 마음을 알 수 있다. 또한 「가을편지」에서 가을이 되면 어릴 적 친구와 함께 공원에서 책을 읽고 있었던 그리움을, 「아직도 못다 쓴 편지」에서는 아버지에 대한 그리움과 고통스러웠던 일들을 겪은 아버지의 형편을 어릴 적 기억을 더듬으며 애절하게 표현하고 있다.

꽃피는 동산에 올라와도
그대 볼 수 없어
서러운 나

생명체가 꿈틀대고
따뜻한 바람이 일어도
나의 폐부肺腑는 아직 차갑다.

뭐가 그렇게 외로운지
내 마음 나도 몰라
슬픔으로 방황彷徨할 때

그리움이 더하여
고독이 나를 엄습해
앞길이 깜깜하여 보이지 않아도

조용히 그대 손이 나를 잡으면
활활 타오르는 활화산 되어

순결하고 깨끗한 재가 되리라.

비록, 육신이 원소元素되어
우주宇宙와 더불어 유영遊泳하게 되어도
내 영혼에 당신의 향기로 충만하리라.

— 「그리움이 더하여」의 전문

위의 시詩가 정숙조 시인의 시집의 제목으로 인용된 시詩이다. 이 시의 내용을 살펴보면, 신약성경의 요한복음 20장 11절-18절에 보면 막달라 마리아가 예수의 부활을 모르고 동산에서 예수를 만나도 동산지기인줄 잘못 알고 있었던 사건과 매우 비슷함을 느낀다. 정숙조 시인은 여기에서 막달라 마리아를 자신화自身化시킨 듯하다. 제1, 2연 "꽃피는 동산에 올라와도/ 그대 볼 수 없어/ 서러운 나// 생명체가 꿈틀대고/ 따뜻한 바람이 일어도/ 나의 폐부肺腑는 아직 차갑다."에서 봄이 되어 모든 생명체가 나타나도 그리운 예수님을 만나지 못한 쓸쓸한 자신의 장면을 찾아 볼 수 있다. 그리고 제3연에서 제6연까지 님을 그리워하는 마음은 비록 죽어 산산이 부서져도 님을 사랑하는 마음을 엿볼 수 있다. 그뿐 아니라

정숙조 시인은 자연自然과 신神에 대한 찬양讚揚하는 시편으로는 「청록색」, 「야생화」, 「지리산 두레에서」, 「그리움이 더하여」, 「능수버들」, 「오직 당신입니다」 등이 있다.

또한 형제자매와 가족에 대한 그리움을 「약속만 남기고」, 「오는 봄」, 「봄비 내리는 날엔」, 「당신은 나의 연인」, 「덩굴장미」, 「할미꽃」에서 잘 나타내고 있다. 제1장에서는 그리움에 대한 노래라고 말할 수 있다.

「제2장 꽃은 피고 지는데」에서 일상의 생활하는 시인의 삶의 가치 속에서 정숙조 시인은 의미 있는 가치를 찾으려고 한다. 왜냐하면 감정이 무딘 사람도 자신의 삶만큼은 누구도 따르지 못하는 가치가 있는 삶이라고 생각하기 때문이다. 봄에 맺은 봉오리를 볼 때나, 여름에 꽃이 활짝 피어 있는 상태, 또 가을에 물들어 있던 단풍잎이 낙엽 되어 한잎 두잎 떨어져 내리는 것을 보고 인생도 피었다가 지는 덧없는 인생임을 느끼게 된다. 이 때 시인은 지나온 과거를 회상하며 삶의 의미 있는 가치를 찾고자 하는 것이다.

결실의 들녘에서
돌담길 산자락에 피어난 그대

서두르지 않고 인내를 감내한
당신은 구절초
작은 몸 흔들리어 슬픈 사랑인가

발밑에 푸른 잎새 모두 지는데
알록달록 물들어 버린 한恨 많은 삶

떠나지 못하는 너의 절규이구나.

아홉 마디 굴곡진 사연으로
천상의 꽃으로 피어나려
넓은 치마폭에 머물고 있구나

어머니의 모습 닮아
눈물 속에 피어난 구절초
나의 애달픈 사랑이여!

– 「구절초 사랑」의 전문

정숙조 시인은 회한悔恨을 그리움으로 승화시키는 시인이다. 정시인은 독실한 기독교인으로 기독교인이 되기 전이나 되고 난 후까지도 지난날의 일들을 생각하며 그리워하는 그의 내면을 읽을 수 있다. 위의 시에서 본인도 지금 많은 세월 지나 노년이 되었어도 평소 어머니를 그리워하는 모습이 역력히 나타난다. "결실의 들녘에서/ 돌담길 산자락에 피어난 그대// 서두르지 않고 인내를 감내한/ 당신은 구절초/ 작은 몸 흔들리어 슬픈 사랑인가." 가을에 피는 구절초를 봐도 어머니처럼 애처로운 생애를 연상할 수 있게 한다. 인생의 늦은 가을이 와서 주위의 사람들이 하나씩 사라져도 어머니의 "한恨 많은 삶"을 잊지 못하는 시인의 마음이 엿보인다. 가을에 피는 이 구절초를 보며 "어머니의 모습 닮아/ 눈물 속에 피어난 구절초"가 곧 "애달픈" 어머니를 그리는 정시인의 사랑이다.

이 뿐만 아니라 정시인은 인생의 꽃을 피우는 시기를 연상하며 그 아름다운 시기를 그리워하고 지은 시들이 「함양 연꽃 축제에서」, 「뮤지컬」, 「엄마」, 「남구 문화원」, 「손녀」 등이 있다. 청년기와 같이 에너지가 넘치는 그러한 시기도 「능소화」, 「이런 삶이고 싶다」, 「어느 시인의 농장에서」, 「변함없는 그대」, 「박꽃」, 「꿈」, 「황령산 벚꽃 길」, 「코스모스 사랑」 등의 시에서 느낄 수 있다.

꽃이 지는 노년기의 심경을 밝힌 시로써는 「가을은 왔는데」, 「로즈마리」, 「병문안」, 「잉꼬새」에서, 그 삶의 회한을 그린 「그리운 그때」를 들 수 있다.

덕유산 스키장에
병풍처럼 둘러선 산자락에
스키를 못 타는 할미의 인생

하얗게 내리는 눈 사이에
동심의 세계로 돌아간 너와 나
시간이 너무 짧다

교직에 정년퇴임 한 잉꼬부부
교통사고로 남편 잃고 우울증의 눈망울
애처로운 하소연 설원에 뿌려놓고

텅 빈 자동차 몰고 가는 뒷모습에

친구는 알 건가
몰래 흘린 나의 눈물

— 「덕유산 스키장에서」의 전문

인간의 삶의 연민을 잘 나타내는 시라고 말할 수 있다. 인간이 살아 있기에 고독하고 연민을 자각할 수 있는 것이다. 나의 곁에 따뜻한 체온을 함께 나눌 내 남편이 없을 때 심각한 고독을 느끼게 된다. 뿐만 아니라 보는 이로 하여금 연민의 정을 가지게 되는 것이다. 정시인은 친구와 함께 "덕유산 스키장에"서 만났는데 "하얗게 내리는 눈 사이에/ 동심의 세계로 돌아"가서 옛 친구와 대화하며 지났던 "시간이 너무 짧"았다. 이제 헤어져서 각자 돌아갈 시간이 되어 돌아가는 옛 친구의 뒷모습을 보고 친구 모르게 연민의 정으로 슬픈 "눈물"을 흘린 인정 많은 할머니로써의 정숙조 시인을 바라보게 한다.

「제3장 삶의 여울목」에서 정숙조 시인은 인생의 삶의 여러 가지 일들을 겪는 것을 알 수 있다. 그 삶의 여울목에 서서 일반적인 평범하게 느끼는 모든 일들이 정시인은 시로 승화시킨다. 즉 「고향」, 「과수원」, 「립스틱」, 「내 고향」, 「서툰 걸음」, 「김매기」, 「바다」, 「컴퓨터 강사」, 「불신의 벽」, 「지혜로운 여인」, 「보내온 정성」, 「어느 주방에서」, 「사라진 원고」, 「독백」 등에서 관찰된다.

그렇지만 많은 세월을 살아온 정시인은 인생의 무상함

도 느끼고 있다. 「흰 바닷새」를 보고 날지를 않고 뱃머리에 앉아 서 "멍하니 하늘 쳐다보는 새 두 마리"를 발견한다. 그 새가 시인의 형편인지도 모른다. "날개는 있으나 날지 못하"고 옛 "고향이"을 그리워하고 있다. 많은 세월이 흘러 인생의 삶을 부질없는 "텅 빈 배"처럼 느끼며 마지막 날이 다가오는 생각에 자신들을 이제 다 끝난 "슬픈 두 개의 명기銘旗만" 걸리우고 "하늘로 날아오를 채비를" 하는 절박한 생각에 사로잡혀 있음을 볼 수 있다.

그렇지만 정시인은 여기에서 머무는 것이 아니라 살아오는 동안 삶의 서러움을 「낙엽」, 「오지랖」, 「둥지 떠난 어미 새」 등에서 노래했고, 삶의 기쁨으로는 「쾌유快癒」, 「사랑에 빚진 나는」, 「향우회」, 「아침산책」, 「아버지」, 「시와의 만남」, 「꽃바구니」, 「효도관광」, 「가족 소풍」, 「열린 대문」에서는 삶의 기쁨을 나타내고 있다.

세상을 살아오면서 그래도 먼 후일 자기가 머물 피안의 성城을 향하여 갈 수 있는 목적지가 있고 희망이 있음을 나타내고 있음을 「민들레 닮고 싶어」, 「당신은 산소酸素」, 「산山」 등에서 발견된다.

파출소 소장님이 보낸
출두 명령받고 보니
지은 죄도 없건만 오금 저려 오는 부모.

한 지붕 24명 대식구가 사는데

떠드는 소리에 고발한 이웃
이유를 다 들은 인상 좋은 소장님
도리어 위로를 한다.

별난 아들 4명 때문에
일 년도 못살고 쫓겨난 태근이네
나만 보면 미안하여 피하려 한다

새장에 갇힌 새들
날지를 못해
또 쫓겨 갈까 안절부절

얼레고 달래도 불안한 아이들
동심에 상처를
얼마나 받았을까?

새가 아닌 저들을 위해
문을 열었다
우리의 울안에서 실컷 뛰라고

흐르는 세월 따라 둥지 튼 새들
열린 대문 사이로 꽃바구니 들고
찾아오는 부부새

– 「열린 대문」의 전문

위 시는 정시인이 어느 가난한 가정에게 베푼 과거의 추억을 바탕으로 하고 있다. 남의 집의 한 지붕 밑에 세 들어 갈 때 어린아이가 많으면 셋집을 잘 빌려주지 않는 것이 다반사이었다. 별난 아들 때문에 이웃집으로부터 고발당하여 파출소로 출두당하는 부모는 "지은 죄도 없건만 오금 저려 오는" 그 입장을 생각하면 가난에 대한 슬픔이 많았으리라 짐작된다. 그런데 파출소에 간 부모는 소장님으로부터 "도리어 위로를" 받게 된다. 참으로 흐뭇한 장면이 아닐 수 없다. 그러나 집주인은 좋아 할 리 없는 것이 사실이다. 일 년도 못 채우고 쫓겨난 "태근이네" 가족을 위해 드디어 정숙조 시인은 자신의 집의 문을 열었다. 제6연에 보면 땅을 딛고 살아야할 애들에게 "새가 아닌 저들을 위해/ 문을 열었다."고 했고, 정 시인의 집에서 "실컷 뛰라고"하는 마음으로 세를 주었을 것이다. 수십 년이 흘러 다 자란 아이들이 제각기 결혼하여 떠났지만 그 감사함을 못 잊어 "열린 대문 사이로 꽃바구니 들고/ 찾아오는 부부"들의 모습을 볼 때 개인의 삶의 한 페이지를 그리는 서사시敍事詩적 요소를 나타내고 있다. 이러한 종류의 사건들은 우리 생활 속에서 자주 볼 수 있는 보편적인 삶의 밑바닥을 그렸다고 할 수 있겠다. 이 작품의 소재가 되는 가난과 배품은 보기 힘든 성질의 것이다.

우리는 모두 자유를 꿈꾸며 산다. 나는 누구에게도 제제당하기를 싫어하고 그러기 위해서 물질적으로 궁핍을 벗어나려 노력한다. 창조는 궁핍에 의해서 만들어지는 산물이기 때문이다. 우리의 삶은 원래 궁핍에서 채우려는 노력 때문에 삶이 유지되는지도 모른다. 그러나 모든 것을 원만하게 가득 채운다는 것은 어려운 일이다. 가득 채워지기 위해서는 자신의 노력도 필요하지만 가장 어려운 시기에 배품은 한 인생의 아름다운 꽃을 피우게 하는 밑거름임을 볼 수 있다. 인간은 채워야만 자유스러워지는 원리를 터득한 것 같다. 명예도 그렇고 지식도 마찬가지다.

「제4장 내 마음의 기도」에서 정숙조 시인은 그리움 속에서 삶의 꽃을 피우며 삶의 여울목에서 많은 일들을 겪고 어언 칠순이 되어서 시인의 인생을 바라볼 때 모든 것을 하나님에게 맡기고 기도하는 생활을 내포하고 있다. 그래서 제4장에서는「내 마음의 기도」의 장章을 열고 있다.

정시인은 먼저 살아있음에 대한 감사의 기도를「아침을 여는 기도」,「봄의 노래」,「나의 고백」,「촛불」에서 찾아 볼 수 있다. 특히 사랑하는 사람을 위한 기도는「봄의 고백」에서 보면 "가장 낮은 곳으로 추락한 다해도/ 저는 언제나 당신 위하여/ 기도 할 것입니다"라는 고백을 한다. 젊은 세대에서는 매우 보기 힘든 고백이 아닐 수 없다. 연세가 들수록 이러한 순수한 마음이 한층 돋보이는 글이다. 다른 면에서 한 맺힌 아버지의 일생에 대해 자식으로서 풀어드리지 못한 마음이 분노로 차 있지만 정시인은 분노를 승화시켜 "시인"이 되는 것으로 한을 풀어 드리겠다는 아름다운 마음을 칭송하지 않을 수 없다.

여기에서 정시인의 기독교적인 정신으로 무장 되어 있음을 확신 할 수 있다. 제4장은 전부가 기도로 이루어진 장章이기 때문이다. 그의 신앙적 간증을 보면 「두레 광야의 외침」에서와 「꿈속에서」, 그리고 「캣츠 공연을 보면서」에서 그 절정을 이룬다.

낮고 천한 황무지에
두레 광야에 장미꽃을 심은
당신.

외치는 소리는 선지자요
듣는 이의 귀에는
새벽을 여는 나팔수의 장엄한 깨움이리니

이 땅에 보내주신 이가 기뻐하여
당신을 통하여
천국 문을 열게 하였음이라.

사두개 교인이 득실대고
율법주의자가 이론을 갖다 대도
당신은 오직 복음을 외침이라

당신을 통하여
하늘의 기쁨을 맛보고

열락의 백성 되게 일깨워 주신 당신

오늘도
당신 따라나선 이 몸
주님 뒤를 따라 함께 걸으렵니다.

– 「두레 광야의 외침」의 전문

정숙조 시인은 아마도 두레마을에 사역을 하고 있는 김진홍 목사의 교회를 방문하고 쓴 글이라 생각된다. "황무지" 땅에 기적을 이루어 불쌍한 사람들을 위하여 교회를 세우고 거기에서 옛 "선지자"의 역할을 담당하는 것을 보고 "천국 문을 열게" 하는 "나팔수"라고 극찬하고 말로나 율법주의만 부르짖는 "사두개 교인"이나 "율법주의자" 같은 사람들의 무자비한 방해도 무릅쓰고 복음을 전파하는 것을 잘 나타내고 있다. 그러한 감동 속에서 정숙조 시인 역시 그와 함께 길을 "걸으려"는 믿음을 읽을 수 있다.

정시인은 한 걸음 더 나아가 대 자연의 꽃 한 송이에서도 창조주의 사랑에 대하여 노래하고 기도하는 모습이 아름답다.

– 생략

잠잠히 폭을 잡은 꽃잎에서
잠든 꿈속이라도

당신을 향해 노래하며

코스모스 꽃잎이
하나씩 떨어지는 계절이 와도
당신 위해 행복한 기도를 드립니다.
— 「꿈속에서」의 일부

정숙조 시인은 가을이 되어 코스모스 꽃잎에서 하나님을 "향해 노래하며" "코스모스 꽃잎이/ 하나씩 떨어지는 계절이 와도" "행복한 기도를" 드린다고 했다. 대자연에서 신의 은총을 발견하는 신앙이리라. 그런데 그에게는 자연에서 뿐만 아니라 인간의 삶에서 일어나는 일에서도 자기에게 베푼 사랑을 음미하고 있다.

— 생략

인생의 무대에서
내가 불러 본 노래는
무엇이었을까?

당신의 이름일까
사랑의 노래일까
아무리 생각해도 떠오르지 않는다.

당신이 차려준 이 무대 위에
아직도 못다 한 노래 부르며
신명을 다하여 춤을 추련다.
— 「캣츠 공연을 보면서」의 일부

정시인은 "캣츠"라는 뮤지컬 공연을 간다. 그것을 보고도 자기가 서 있는 무대를 생각한다. 그래서 "인생의 무대에서/ 내가 불러 본 노래는/ 무엇이었을까?"라고 반문하며 고민을 한다. 여기에서 다시 해답을 찾으려한다. "당신의 이름일까/ 사랑의 노래일까/ 아무리 생각해도 떠오르지 않는다."고 고백한다. 그러다가 시인은 이 인생의 무대에서 자기가 해야 할 일을 찾는다. "당신이 차려준 이 무대 위에/ 아직도 못다 한 노래 부르며/ 신명을 다하여 춤을 추련다."라고 했다. 하나님을 경외하는 그런 찬양의 노래며 거기에서 오는 기쁨으로 인하여 덩실덩실 신명을 다하여 춤을 추려고 하는 그 신앙적 믿음이 절정에 달하는 것을 볼 수 있다.

기독교 교인으로서의 정시인은 믿음에 굳게 서려는 기도를 보면, 「사랑할 일만 남았습니다」, 「자유롭고 싶다」, 「당신의 사랑은 변함없는데」, 「꿈속에서」, 「새가 되고 싶어요!」, 「당신을 처음 만난 날」, 「야생마 한 마리」 등의 시로 잘 나타내고 있다. 자신이 신神께 간구懇求하는 「비를 주소서」, 「지난밤에 비를」, 「꿈꾸는 무지개」, 「카운셀러의 전화를 받고」, 「촛농이 흐르듯」, 「나뭇잎의 기도」, 「친구」 등의 시에서 자신이 간구懇求하는 기도를 한다.

정숙조 시인의 작품들의 내용들을 보면 칠순이 되기까지 살아오는 인생역정에서 때로는 희망에 넘치는 젊은 시절이 있었고, 삶을 왕성하게 꽃을 피우는 시기를 지나

이제는 삶을 뒤돌아보며 삶의 회한悔恨을 그리움으로 승화昇華시킨 아리아와 같이 서정적인 내용의 가곡과 다름이 없다.

쉴러(Johann Christoph Friedrich von Schiller ; 1759.11.10~1805.5.9)가 젊었을 때는 육체적 자유를 작품에 반영되었으나 말년에는 정신적 자유에 몰입하여 작품에 반영된 것을 볼 수 있다. 이와 같이 정시인의 시가 다소 현대시류와는 조금 차이가 있으나 전체의 흐름 속에서 육체에서 영혼으로 흘러가는 도도한 강물처럼 느껴진다. 그러므로 앞으로 더욱더 노력하여 더 발전된 시어와 시의 짜임새로 작품을 쓰게 되리라 믿는다. 앞으로의 시문단詩文壇에서 크게 기여하는 시인으로 발돋움하기를 빈다.

두손푸름시인선51

정숙조 시집

그리움이 더하여

인쇄일 | 2012년 10월 25일
발행일 | 2012년 10월 30일
지은이 | 정숙조
펴낸이 | 최장락
펴낸곳 | 도서출판 두손컴
주 소 | 부산광역시 부산진구 부전로 35 (부전동, 삼성빌딩 301호)
전화 : (051)805-8002 팩스 : (051)805-8045
이메일 : doosoncomm@daum.net
출판등록 제329-1997-13호

값 10,000원

ISBN 978-89-97083-48-0-03810